A. M. D. G.

PETITE
NOTICE BIOGRAPHIQUE

SUR

M. L'ABBÉ C.-M. PAGE

Curé de Genouilly

Mementote præpositorum vestrorum qui vobis locuti sunt verbum Dei, quorum intuentes exitum conversationis, imitamini fidem.

HEBR. XIII, 7

CHALON-SUR-SAONE

IMPRIMERIE DE JULES DEJUSSIEU

Rue des Tonneliers, N° 5

1880

PETITE

NOTICE BIOGRAPHIQUE

SUR

M. L'ABBÉ C.-M. PAGE

Curé de Genouilly

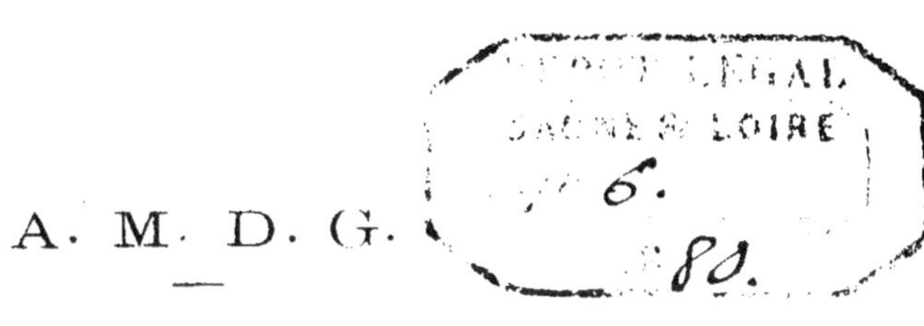

Mementote præpositorum vestrorum qui vobis locuti sunt verbum Dei, quorum intuentes exitum conversationis, imitamini fidem.

HEBR. XIII, 7

CHALON-SUR-SAONE

IMPRIMERIE DE JULES DEJUSSIEU

Rue des Tonneliers, N° 5

1880

†

A la mémoire vénérée

de celui qui m'a baptisé, m'a

admis au banquet eucharistique

et m'a ouvert les portes

du Sanctuaire.

Un de ses enfants reconnaissants ,

Louis-M.-J. CHAUMONT.

PETITE NOTICE BIOGRAPHIQUE

SUR

M. L'ABBÉ C.-M. PAGE

Curé de Genouilly

« *Souvenez-vous, nous dit l'Apôtre, de vos pasteurs qui vous ont prêché la parole de Dieu, et considérant quelle a été la fin de leur vie, imitez leur foi* (Hébr. XIII, 7). »

C'est pour obéir à cette recommandation de l'Esprit-Saint, autant que pour soulager notre douleur, que nous allons essayer d'esquisser ici à grands traits la longue et belle carrière sacerdotale de M. l'abbé Claude-Marie Page, curé de Genouilly, décédé dans la soixante-seizième année de son âge, le 13 décembre 1879.

Issu d'une des familles les plus honorables et les plus chrétiennes de Dyo (canton de La Clayette), M. Page vint au monde le 18 mars 1805, au hameau de Chèvetout, et fut baptisé le lendemain, jour de la fête de St-Joseph, douce coïncidence, qui était chère à la piété du bon curé.

L'Église de France présentait alors un beau spectacle : elle sortait triomphante d'une cruelle persécution et portait sur son noble front l'auréole du martyre. La foi, trop longtemps comprimée dans l'intérieur des consciences, reprenait partout un magnifique essor. Le Brionnais, qui avait su conserver ses prêtres en les cachant aux actives recherches des persécuteurs, ou même en les arrachant de leurs mains sanguinaires, recevait en récompense un accroissement de ferveur, dont l'heureuse influence s'est perpétuée jusqu'à nos jours.

Ce fut dans cette atmosphère de vertu, et au sein d'une famille patriarcale, que Claude-Marie Page coula ses premières années. Lorsqu'il fut en âge d'aller aux champs, ses parents lui confièrent la garde d'un petit troupeau ; avant d'être pasteur des âmes, M. Page, à l'exemple du saint Curé d'Ars, fut berger de quelques brebis, et l'on

cite de lui des scènes non moins touchantes
que celles qui sont rapportées dans la vie
de M Vianney. Quand le troupeau dormait
paisible sur la verte pelouse, le jeune pâtre
assemblait autour de lui, près d'un vieux
chêne, que l'on voit encore aujourd'hui, les
petits enfants de son âge, et imitait gravement devant eux les cérémonies de la
messe, préludant ainsi par instinct, ou
mieux, par vocation et besoin du cœur, à
la plus noble fonction de toute vie sacerdotale.

Le jeune pâtre de Chèvetout avait en
effet entendu une voix intérieure qui l'ap-
pelait au service du Divin Maître. Il en fit
l'ouverture à ses bons parents. Ceux-ci,
tout fiers d'un pareil honneur, et quoique
chargés d'une nombreuse famille, n'hésitè-
rent pas un instant à s'imposer de grands
sacrifices pour subvenir aux frais de l'éducation cléricale de leur fils. M. Page reçut
les premières leçons de M. Méhu, curé de
Dyo (*). Confesseur intrépide de la foi, ce

(*) Sur le point d'être saisi par les agents du Co-
mité révolutionnaire, M. Méhu s'échappa comme par
miracle, en fuyant derrière les haies, qui durent lui
fournir toute sa subsistance pendant de longs mois.
Arrivé sur la terre étrangère, il entra en relations

saint prêtre n'avait pas balancé, à l'époque du serment schismatique imposé au clergé de France, entre son devoir et l'exil. Cette conduite courageuse ne contribua pas peu à développer chez son jeune disciple cette fermeté de caractère qu'on a remarquée en lui. Cependant le vénérable instituteur, trop absorbé par les soins du saint ministère, crut, dans l'intérêt de son élève, devoir le confier à d'autres mains, sans toutefois se départir de la tendre sollicitude d'un père pour son enfant de prédilection. Claude-Marie suivit ainsi, pendant deux ans, les leçons d'un excellent maître de pension du voisinage : M. Duchambon. C'est à cette humble école de village qu'il apprit le rudiment. Il y fit des progrès si sérieux et si rapides qn'il put se présenter, l'année suivante, avec honneur dans la classe de troisième du petit Séminaire de Semur. Cette maison, de fondation récente, venait d'ouvrir ses portes à la jeunesse

amicales avec le général Junot, qui voulut le proposer au premier consul pour un des sièges épiscopaux créés par le Concordat ; mais M. Méhu aima mieux retourner dans son humble paroisse.

On rapporte qu'à la naissance de C.-M. Page, il prédit que cet enfant serait prêtre un jour.

studieuse de la contrée. Claude-Marie pria ses parents de l'y envoyer achever ses études. Dans son pieux empressement, il devança même l'époque de la rentrée, et contribua, pour sa bonne part, comme il aimait à le raconter ensuite, à l'aménagement de la Communauté. Son cousin, le vénérable curé de Digoin (*), avait été l'un des quatre élèves fondateurs de l'école de M. Bonnardel.

Claude-Marie fut un des premiers, sinon le tout premier élève du petit séminaire de Semur, où il passa trois années, qui ont laissé dans son cœur des souvenirs ineffaçables de reconnaissance et d'amour. Aussi

(*) M. Page, de Digoin, fut le contemporain du saint curé d'Ars, dont il reflétait pour ainsi dire les vertus. Comme M. Vianney, il se distingua toujours par sa foi ardente, son immense charité, son aimable simplicité et un esprit naturel qui se manifestait à chaque instant dans la conversation par les réparties les plus fines et les plus gracieuses. Sa vie s'est écoulée toute entière dans la petite ville de Digoin, qu'il a évangélisée pendant près d'un demi-siècle, après l'avoir dotée d'œuvres de bienfaisance de toutes sortes. On lui doit en outre l'établissement des frères, l'érection d'une chapelle de secours au Verdier et d'une église paroissiale anx Guerreaux. Il mourut en 1864.

il est peu de prêtres, dans le diocèse, qui aient fourni plus d'élèves à cette maison et qui lui aient été plus dévoués.

Mais si le séjour de Semur était cher à sa piété, il lui tardait néanmoins de se voir lié plus étroitement à Dieu.

Rien n'égala la joie de son âme lorsqu'après le cours de ses études classiques, il lui fut permis d'entrer enfin au grand séminaire et de revêtir les livrées du Seigneur. Qui dira la douce sérénité de ce cœur de prêtre futur, durant les cinq années du noviciat sacerdotal? Dieu seul connaît les vertus qu'il y a pratiquées. Tout ce que nous savons, c'est qu'il gagna bientôt l'estime et la confiance de ses maîtres, et qu'il fut constamment un modèle de régularité, de travail et de ferveur. Le supérieur, M. Berthaud, avait pour lui une affection toute particulière, que le jeune séminariste lui rendait à juste titre.

M. l'abbé Page puisa, dans la féconde retraite du séminaire, cet amour de Dieu et des âmes, qui fut le mobile de toute sa vie ; cette fidélité rigoureuse aux exercices de piété dont le spectacle était si édifiant ; enfin, ce respect et cette obéissance pour ses supérieurs, en qui il voyait et faisait voir à tous les représentants de Dieu.

L'étude de la science sacrée plaisait à son intelligence lucide et à son jugement droit et sûr. L'enseignement théologique, du moins sur certains points, était encore imprégné des doctrines gallicanes. M. Page se distingua de suite par sa répugnance invincible pour les *prétendues libertés* et par son ardeur à les combattre.

Nous ignorons l'époque des ordinations auxquelles il participa; nous savons seulement qu'il reçut l'onction sacerdotale en 1831, des mains de Mgr d'Héricourt. Ce prélat n'eut pas plus tôt vu le jeune prêtre qu'il sut l'apprécier et lui confia de suite une mission délicate. La paroisse de Melay-sur-Loire avait à sa tête un vénérable prêtre, qui avait traversé sans faiblir tous les orages de la Révolution, mais dont l'âge et les infirmités trahissaient trop souvent le courage. Il lui fallait, pour consoler sa vieillesse et continuer le bien commencé, tout à la fois un fils dévoué et un coopérateur actif et prudent. M. l'abbé Page, qui lui fut donné pour vicaire, était tout cela. Dieu se plut à bénir ses efforts et lui accorda la consolation de fermer lui-même les yeux à son *saint* curé, lequel lui transmit en mourant le précieux héritage de ses exemples et de ses vertus. Resté seul, il sut faire face à toutes les difficultés et répondre à tous les besoins. A la fin, cependant, sa santé s'altéra si gravement qu'il fut contraint d'aller prendre un peu de repos dans sa famille ; mais c'est improprement appeler repos un temps que l'abbé Page consacra à la bonne édification et même à l'instruction de ses frères et de ses sœurs, sur lesquels il exerça toujours la plus douce et la plus incontestable autorité, celle du cœur. Nommé quelques mois plus tard à la cure de Genouilly, M Page ne put se rendre de suite à la légitime impatience de ses paroissiens, venus en députation jusqu'à Chèvetout pour le réclamer à sa famille. Mais, dès qu'il fut au poste que la Providence lui avait assigné, il se mit incontinent à l'œuvre. Ce labeur, qui devait durer 46 ans, commencé en 1833, fut poursuivi sans relâche avec l'ardeur, le zèle, la patience, la charité, la sagesse que chacun a pu admirer. Ici tout serait à raconter. Il faudrait d'abord dire dans quel état déplorable M. Page trouva la paroisse de Genouilly, où la Révolution avait laissé les plus néfastes souvenirs, et où de tristes faiblesses avaient scandalisé la population bonne, mais vive et impressionnable. On devrait ensuite exposer

comment et au prix de quels sacrifices le
nouveau pasteur parvint à remédier à tant
de maux, en établissant des catéchismes
fréquents et nombreux, en rendant au service divin tout l'éclat et toute la régularité
désirables, et en s'efforçant surtout de faire
donner aux enfants, soit dans la famille,
soit à l'école, une éducation profondément
chrétienne. Il alla parfois jusqu'à se faire
lui-même l'instituteur des enfants pauvres
et délaissés. Parmi les nombreuses œuvres
paroissiales qu'il créa, il y aurait à citer la
fondation du bureau de bienfaisance, dû à
son zèle et à la générosité de M. Parizot ;
la réparation et l'embellissement de son
église ; la construction d'un presbytère,
pour remplacer celui que la Révolution
avait aliéné.

Cette dernière **affaire**, hérissée de difficultés, fut pour M. le curé la source
d'amers ennuis et d'embarras financiers,
qui absorbèrent presque tout son patri-
moine. — Germagny, village voisin, était
une annexe de sa paroisse. La distance ne
l'empêchait point de s'y rendre fréquemment, tantôt pour y célébrer la sainte
Messe, tantôt pour y distribuer le pain de
la parole de Dieu. Si, plus tard, il demanda
à l'évêché d'en être déchargé, c'est que

son grand âge lui rendait pénibles et parfois impossibles ces voyages multipliés, et
qu'il avait compté sur un projet cher à son
zèle, mais qui ne put malheureusement pas
se réaliser. Son souvenir n'en est pas
moins resté profondément gravé dans le
cœur de tous les habitants de Germagny,
où l'on parle encore avec édification des
prières de M. Page pendant le carême.
Ces prières publiques, faites en commun à
l'église, il les aimait..

A Genouilly, chaque soir, à la tom-
bée de la nuit, la cloche avertissait les
fidèles que leur pasteur était là, le chapelet
à la main, priant pour eux, les attendant. .
Les exercices du carême, du mois de Marie
se faisaient régulièrement chaque jour à
l'heure la plus commode pour les paroissiens, qui s'y rendaient toujours en grand
nombre. M. Page ne reculait devant aucun
sacrifice, quand il s'agissait de faire du
bien à son troupeau. Son amour pour les
pauvres était proverbial, et rien n'égalait
son zèle pour l'instruction de son peuple.
Il eut à deux reprises la consolation de
faire donner une grande mission à sa
paroisse : la première fois, par les Mis-
sionnaires diocésains ; la seconde, par les
RR. PP. Oblats. Les préparations à la pre-

mière Communion ou à la Confirmation étaient de véritables retraites, auxquelles il convoquait indistinctement parents et enfants. Indépendamment des œuvres particulières qu'il avait fondées, il était le zélateur ardent de toutes les œuvres catholiques. La *Propagation de la foi, le Denier de St-Pierre, les Universités catholiques, les Chapelains du Sacré-Cœur, l'Association de St-François-de-Sales*, le comptèrent toujours parmi leurs souscripteurs les plus généreux et les plus réguliers. En outre, il sut communiquer la flamme de son zèle aux âmes pieuses de sa paroisse, parmi lesquelles nous devons citer en premier lieu Mme Désir de Fortunet, qui fut constamment son ardente et dévouée coopératrice pour toutes les bonnes œuvres.

Bornons-nous à cette simple énumération des grands travaux de M. le curé de Genouilly, afin de nous attacher plus spécialement à son œuvre de prédilection : l'œuvre des vocations ecclésiastiques. Recruter de jeunes aspirants au sacerdoce, les discerner parmi les enfants du catéchisme, les attirer à Dieu, les former à la vertu, les initier à l'étude du latin, puis les placer dans les séminaires : telle fut sa constante préoccupation, telle fut l'ambition de toute sa vie, et, nous osons ajouter, telle est sa plus pure gloire aux yeux de Dieu et de l'Eglise, car il laisse après lui presque trois générations de prêtres.

Mais comment peindre l'ardeur qu'il déployait pour apprendre à ses élèves *vite* et *bien* les éléments de la langue ecclésiastique et des sciences profanes ? Nous pouvons dire, par expérience, qu'il fut sur ce point un maître consommé. Il lui est même arrivé d'envoyer dans la classe d'Humanités du petit Séminaire de bons élèves, qui ne comptaient que 18 mois de latin. Son ardeur était si grande, en un mot, qu'elle lui fit désirer, vers la fin de sa vie, une chaire de septième dans une maison d'éducation diocésaine. Nous l'avons entendu fréquemment exprimer ce souhait vraiment étonnant dans un vieillard. Habile professeur, M. Page ne s'entendait pas moins à l'éducation de la jeunesse cléricale De bonne heure, il formait ses élèves à la piété en les associant, autant que faire se pouvait, à ses propres exercices quotidiens, comme le chapelet, la prière en commun et même la méditation du matin. Ici surtout il prêchait d'exemple.

La journée était distribuée à la cure de Genouilly absolument comme au Séminaire.

et nous n'avons pas souvenir qne M. Page
ait jamais fait brèche à sa pieuse règle. Le
soir, quand le travail de la journée était
fini, que son bréviaire était dit, — il fut sur
ce point d'une exactitude presque scrupu-
leuse, — il s'associait aux divertissements
de la petite troupe. En hiver, dans la salle
bien chauffée qui recevait aussi les jeunes
gens et les autres enfants du village, M. le
curé donnait des leçons de plain-chant,
chantait lui-même, racontait des histoires,
en un mot mettait partout l'entrain et
l'animation pour charmer les longues soi-
rées de la mauvaise saison. En été, les
récréations se prenaient au jardin, où, peu
à peu et de la manière la plus intéressante,
il initiait ses latinistes à la culture des
arbres et des fleurs Aussi ses nombreux
élèves ont-ils tous conservé de leur séjour
à la cure de Genouilly le meilleur et le
plus impérissable souvenir, et, s'il nous
était permis de donner quelques noms,
nous pourrions en citer plusieurs, qui, soit
dans la vie commune, soit dans la solitude
d'un presbytère, s'efforcent de marcher sur
ses traces et de suivre ses exemples. De-
venus prêtres, les élèves de M. le curé
étaient encore ses enfants. Il aimait à les
recevoir chez lui, les entourait de ses con-

seils, recevait leurs confidences et les ren-
voyait toujours consolés, fortifiés et heu-
reux. Ce qu'il était pour ses élèves, M. Page
le fut pour tous ses confrères du voisinage,
qui trouvaient en lui un guide sûr et un
directeur éclairé. Dans leurs réunions, il
était, comme un patriarche vénérable, au
milieu de ses enfants ; aux conférences
cantonales, son avis, sa manière de voir
donnait souvent la solution cherchée à des
cas difficiles. En toutes circonstances,
M. Page était d'une amabilité et d'une déli-
catesse exquises. Sévère pour lui-même, il
traitait les autres avec une bonté et une
affabilité touchantes. On sentait, en l'ap-
prochant, un héritier fidèle des belles ma-
nières de l'ancien clergé de France, si dévoué et en même temps si grand et si dis-
tingué.

Hélas ! pourquoi faut-il que la mort soit
venue soudain mettre un terme à une exis-
tence si précieuse ? O mon Dieu ! que vos
desseins sont impénétrables ! Aucun de
nous n'aurait pu croire, aux vacances, que
nous jouissions de notre père pour la dernière fois, et que la petite réunion de famille, que la Providence nous avait ména-
gée au mois de septembre, était la journée
des adieux suprêmes. C'est dire assez que

M. le curé de Genouilly est mort, comme il l'a toujours désiré ; il est mort sur la brèche, les armes à la main, presque sans maladie. Il reçut les derniers sacrements avec une piété angélique, répondant lui-même aux prières de l'Eglise, qu'il avait récitées tant de fois pour d'autres. La nouvelle de son trépas retentit dans la paroisse comme un coup de foudre ; on le savait alité, mais on se refusait à croire un pareil malheur. Quand la triste réalité rendit impossible toute illusion, ce fut une consternation générale. On peut bien le dire, la mort de M. Page a été un deuil public, non-seulement à Genouilly, mais encore dans tous les environs. Chacun voulut voir, une dernière fois, avant que la tombe ne se fermât sur lui, ce père vénéré, cet ami des pauvres et des affligés, *ce bon et fidèle serviteur.* Toute la paroisse vint, le samedi 13 et le dimanche 14 décembre, prier près de sa dépouille mortelle, et le lendemain, 15 décembre, elle se trouva toute réunie, malgré la rigueur du froid, pour assister à ses funérailles. La cérémonie était présidée par M. Morlet, archiprêtre du Mont-Saint-Vincent, qui prononça, avant l'absoute, un éloge ému du vénérable défunt. Vingt prêtres étaient accourus rendre les derniers devoirs à ce modèle des pasteurs. Ses anciens élèves, formant sa famille spirituelle (*), conduisaient le deuil avec ses parents. Les coins du poële étaient tenus par le maire de la commune et des membres du conseil de fabrique et de la municipalité. L'émotion peinte sur tous les visages, le recueillement de la foule montraient assez qu'il n'y avait pas là de cœurs indifférents, mais que tous sentaient vivement la perte irréparable que viennent de faire, en la personne de M Page, ses parents, ses nombreux amis, la paroisse de Genouilly et le diocèse d'Autun tout entier

(*) La famille sacerdotale de M. Page se compose aujourd'hui de M. l'abbé Boussin, de M. l'abbé J. Thivolet, de M. l'abbé C. Rabet, de M. l'abbé Gambut, du R. P. Lartaud, dominicain, et de M. l'abbé L. Chaumont.

Chalon-s-S., imp. de J. Dejussieu.

DU MÊME AUTEUR

ICONOGRAPHIE ET INSCRIPTIONS DE L'ÉGLISE DE RIMONT.

Brochure in-8⁰. — Prix : 0,60 ; par la poste : 0,75.

Les Considérations sur le SYMBOLISME DE L'ÉGLISE DE RIMONT ont été tirées à part et forment une brochure de 8 pages. — Prix : 0,10 ; par la poste : 0,15.

PETITE NOTICE HISTORIQUE SUR GENOUILLY, prix : 0,20.

PETITE NOTICE HISTORIQUE SUR LE PRIEURÉ DU PULEY, prix : 0,25.

PETITE NOTICE HISTORIQUE SUR GERMAGNY, *seconde édition*, prix : 0,15.

NOTRE-DAME DE RIMONT : *Compte-rendu et Prières*, prix : 0,10.